CONCEITOS MODERNOS DE JAZZ NA GUITARRA

As Mais Avançadas Técnicas de Guitarra com o Virtuoso Jens Larsen

JENS LARSEN

FUNDAMENTAL**CHANGES**

Conceitos Modernos de Jazz na Guitarra

As Mais Avançadas Técnicas de Guitarra com o Virtuoso Jens Larsen

ISBN: 978-1-78933-142-4

Publicado por **www.fundamental-changes.com**

Copyright © 2019 Jens Larsen

Editado por Tim Pettingale

Tradução: Daniel Bosi

www.fundamental-changes.com

Twitter: **@guitar_joseph**

Mais de 10.000 seguidores no Facebook: **FundamentalChangesInGuitar**

Instagram: **FundamentalChanges**

Para mais de 350 aulas de guitarra gratuitas com vídeos acesse: **www.fundamental-changes.com**

Imagem da capa © ShutterStock: Miguel Garcia Saavedra

Sumário

Como Ler Este Livro

Seja bem-vindo ao primeiro dos meus dois volumes sobre a técnica de guitarra jazz moderna. O foco desses livros é equipá-lo com as técnicas necessárias para construir um vocabulário moderno de jazz, influenciado pelo *bop* para a improvisação.

Neste livro, veremos várias escalas diferentes e como aplicá-las. Na minha experiência, é fácil procurar as opções de escala para tocar uma música, mas é muito menos fácil aprender como usá-las efetivamente. Este livro está repleto de exemplos sólidos que mostram como aplicar esse material ao tocar.

Cada capítulo é dividido em duas partes: a primeira parte discute o conceito musical; a segunda ilustra como aplicá-lo para criar linhas de jazz. Eu darei uma breve visão geral teórica e demonstrarei exercícios de escala para praticar, seguidos por dez licks que mostram diferentes maneiras de aplicar o conceito à progressão comum II V I. No final de cada capítulo, tarefas são sugeridas para garantir que você absorva tudo o que aprendeu.

Cada capítulo deste livro é autossuficiente, mas se você é novo na guitarra jazz moderna, sugiro que trabalhe pelos capítulos em sequência. Se você é um jazzista mais experiente em busca de novas ideias, você pode explorar qualquer capítulo e incorporá-lo em sua rotina de prática. Uma abordagem igualmente válida é experimentar tocar alguns dos *licks*, depois seguir estudando mais a técnica subjacente. Os músicos de jazz parecem não aprender as coisas de maneira linear, então sinta-se à vontade para escolher as ideias deste livro que ressoam com você e deixe que elas sejam as guias do seu trabalho.

Como estudar um capítulo

Para adicionar uma nova habilidade à sua execução é necessário praticar essa habilidade até que ela se torne parte do seu vocabulário musical. Isso é algo que estudantes (ou mesmo profissionais) erram ao praticar – não investir o tempo para verdadeiramente assimilar novas ideias. Aqui está como você deve estudar cada capítulo:

Tome o Capítulo Cinco, sobre a escala diminuta, como exemplo. A primeira sessão do capítulo demonstra a escala e, em seguida, explica como encontrar a escala diminuta para tocar sobre um acorde dado. Na sequência há exemplos de como usar a escala em situações musicais. Trabalhe pelo material da seguinte forma:

1. Leia e absorva a informação sobre a escala e como utilizá-la. Essa informação é muito útil, por isso não pule essa parte.

2. Toque as linhas e ouça o som que a escala cria sobre os acordes. Então, para realmente construir a parte de escala do seu vocabulário, faça o seguinte:

3. Escreva suas próprias linhas usando as tríades da escala diminuta. Use as ideias para criar melodias que você gosta.

4. Trabalhe a improvisação com a escala. Encontre algumas faixas de apoio adequadas, ou grave suas próprias, e toque junto com elas. Foque em como a escala conecta os acordes entre si.

Composição como prática para improvisação

Caso você conheça meu canal no YouTube (**www.youtube.com/user/jenslarsen02**) você saberá que eu frequentemente invisto tempo compondo linhas e variando o material que eu uso, enquanto improviso em um estilo rubato. Essa abordagem realmente ajuda a desenvolver a habilidade para compor (e, portanto, para improvisar) linhas mais musicais. Também é uma forma efetiva de explorar as linhas melódicas que você gosta, e aquelas que você não gosta. Tocar linhas que são do seu gosto é uma boa forma de desenvolver e definir seu estilo pessoal.

Se você aprende *licks* como blocos estáticos, pode ser difícil absorvê-los na sua execução. Também pode ser difícil tomar as ideias de outra pessoa e incorporá-las na sua forma de tocar, de uma forma natural. Não é fácil encontrar o lugar certo para elas, pois elas podem se destacar – como adicionar uma linha de um soneto de Shakespeare a algo que você escreveu. Dificilmente isso produzirá um bom poema!

É por isso que variar uma ideia é uma abordagem útil. Tome as minhas ideias e altere-as de formas sutis, até que elas tenham o seu estilo. Isso ajudará você a conectar as ideias com o restante da sua execução.

Um próximo passo útil é tomar uma ideia e ouvir como ela soa sobre uma música com a qual você é familiar. Depois disso, toque sobre uma música que você não conhece tanto. Por fim, não se esqueça de transpor as ideias a tonalidades diferentes e toque-as em oitavas diferentes.

Obtenha o Áudio

Os arquivos de áudio para este livro estão disponíveis para download gratuito no site **www.fundamental-changes.com**. O link está no canto superior direito da página. Basta selecionar o título deste livro no menu e seguir as instruções para obter o áudio.

Recomendamos que você baixe os arquivos diretamente no seu computador, não no seu tablet, e extraia-os no computador antes de adicioná-los à sua biblioteca de mídia. Você pode então colocá-los no seu tablet, iPod ou gravá-los em um CD. Na página de download há um PDF de ajuda e nós também oferecemos suporte técnico pelo formulário de contato.

Obtenha o áudio gratuitamente

Acesse no seu computador: **www.fundamental-changes.com/download-audio**

Os áudios dão vida ao livro, e você aprenderá muito mais!

Caso você tenha algum problema, por favor, entre em contato antes de escrever uma avaliação negativa:

response@fundamental-changes.com

As poucas avaliações negativas que recebemos são normalmente devidas a problemas técnicos ou de áudio que podemos resolver rapidamente para você!

Kindle / Leitores de e-books

Para obter o máximo deste livro, lembre-se que você pode dar dois toques sobre qualquer imagem para ampliá-la. Desative a visualização em coluna (vertical) e segure seu Kindle em modo paisagem.

Para mais de 350 aulas de guitarra com vídeos acesse:

www.fundamental-changes.com

Twitter: @guitar_joseph

Mais de 10.000 curtidas no Facebook: FundamentalChangesInGuitar

Instagram: FundamentalChanges

Capítulo Um – Sem Alterações ou Notas de Passagem

Este capítulo lida com linhas que podem ser tocadas usando apenas a escala maior. Todos os exemplos estão no tom de C maior.

Se você estiver pensando: "este é um livro de técnicas modernas de jazz! Por que estamos começando com a escala maior?", saiba que há dois bons motivos. Primeiro, que as linhas de sonoridade contemporânea que tocaremos ao longo do livro são todas derivadas da escala maior de uma forma ou outra. Em segundo lugar, há uma riqueza de material harmônico que pode ser encontrada na escala maior básica, que você pode usar para criar sonoridades contemporâneas, usando ideias de substituição e outros conceitos que cobriremos no seu devido tempo. Muito do que você ouve no jazz é criado com a escala maior, não com escalas exóticas ou alteradas.

A Escala Maior

Vamos começar olhando para a construção da escala maior básica. Aqui está uma escala de C maior em um padrão comum de três notas por corda que começa na oitava posição.

Exemplo 1a – Escala de C maior

Ao aprender guitarra, o foco é, frequentemente, em memorizar padrões de escala, acertar as digitações e aprender a palhetar com eficácia – em vez de estudar as notas que estão sendo tocadas. Conforme progredimos como instrumentistas, no entanto, é bastante importante conhecer as notas para tocar sobre mudanças de acordes e destacar certos tons de acordes. Mesmo instrumentistas avançados com frequência não sabem quais notas estão tocando a todo momento, por isso eu lhe encorajo a aprender as notas, assim como memorizar a escala em todas as suas posições no braço da guitarra.

Grande parte do jazz consiste em tocar linhas fortemente relacionadas aos acordes do acompanhamento. Nesse sentido, não há nenhuma mágica envolvida na criação do jazz, apenas trabalho duro! Seu tempo será melhor investido focando na criação de melodias interessantes com as ferramentas fornecidas nesses capítulos, em vez de subir e descer as escalas de forma robótica. Em 99% das vezes, os grandes solos da guitarra jazz usam escalas simples e arpejos. É a habilidade de fazer grandes músicas a partir de ideias simples que faz a diferença.

Com isso em mente, vamos olhar para as quatro principais abordagens que guitarristas de jazz usam quando tocam ideias diatônicas sobre mudanças de acordes.

Junto com as escalas simples, essas abordagens são:

- Tríades

- Arpejos

- Padrões de Coltrane

- Voicings quartais

Um conhecimento completo de como os acordes são construídos, e como eles se relacionam entre si, abre muitas possibilidades de tocar melodias de nota única. Começaremos olhando para as tríades básicas e arpejos, pois eles são fundamentais para tudo no jazz, abordando padrões de Coltrane e padrões quartais conforme progredirmos. Não entre em pânico! Esses conceitos são simplesmente formas diferentes de segmentar escalas diatônicas, para ajudar você a deixar de tocar apenas melodias lineares.

Tríades

Acordes e arpejos são formados a partir da escala maior, a partir do "empilhamento" de intervalos de terça. A forma mais básica de arpejo é a tríade. Uma tríade é uma estrutura melódica forte, pois ela claramente soletra o som de um acorde. O Exemplo 1b mostra a escala de C maior tocada em tríades diatônicas.

Exemplo 10b – Tríades diatônicas em C maior

Tríades são importantes na sonoridade da guitarra jazz moderna, porque elas permitem que intervalos mais amplos, que não se parecem tanto com escalas, sejam tocados. Guitarristas, com frequência, tocam tríades a partir das suas tônicas, por exemplo, tônica, terça e quinta (1, 3, 5), porque a tônica é fácil de localizar na guitarra, mas isso torna a execução bastante previsível.

Tocar ideias de tríades costuma criar melodias fortes e, para criar mais interesse, podemos "re-sequenciar" tríades. Em vez de tocar padrões 1 3 5, podemos usar 3 5 1, 3 1 5 ou 5 1 3.

Abaixo estão as mesmas tríades diatônicas de C maior do Exemplo 1b, mas tocadas com um padrão 3 5 1.

Exemplo 1c – Tríades diatônicas em C maior no padrão 3 1 5

Note que tocar as tríades no exemplo acima faz com que elas soem menos como um exercício e mais como uma ideia musical. Toque o exercício acima muitas vezes para assimilar a sonoridade. É uma ótima forma de conhecer as suas escalas e treinar os seus ouvidos para reconhecer intervalos.

O próximo exemplo mostra as tríades diatônicas em C maior, tocadas a partir da quinta em vez da tônica em um padrão 5 1 3.

Exemplo 1d – Tríades diatônicas em C maior no padrão 5 1 3

Isso cria, mais uma vez, uma sonoridade diferente e sugere novas formas de usar as tríades para linhas melódicas.

Os *licks* de exemplo, que aparecerão mais adiante neste capítulo, ilustram como as tríades podem ser usadas em solos.

Arpejos Diatônicos de Sétima

Adicionar a sétima da escala a uma tríade cria acordes diatônicos de sétima (ilustrado no Exemplo 1c), que expandem ainda mais o material que podemos usar para improvisação melódica e, mais uma vez, é útil para criar linhas que sugerem fortemente os acordes subjacentes.

Entender como esses acordes diatônicos de sétima se relacionam entre si cria ainda mais possibilidades de aumentar seu vocabulário jazz.

Tome, por exemplo, um acorde Fmaj7. Ao improvisar sobre esse acorde você pode usar um arpejo de Fmaj7. Mas você também pode procurar arpejos que tenham notas em comum com Fmaj7. O candidato mais comum é encontrado na terça (A) – Am7. Fmaj7 e Am7 têm três notas em comum. O arpejo de Am7 contém as mesmas notas do Fmaj7, a não ser pela tônica F. Misturar esses arpejos ao improvisar dá mais opções para criar colorações musicais.

O Exemplo 1c passa pelos arpejos diatônicos de sétima em C maior. Esse exercício foi desenhado para manter todos os arpejos juntos em uma área do braço da guitarra. Tocá-los dessa forma irá ajudar a assimilar essa sonoridade, mas também fará com que você visualize como eles estão conectados.

Dica de prática: como um breve resumo, se você quiser se familiarizar com qualquer padrão de jazz, um ótimo lugar para começar é tocar toda a música usando apenas arpejos de sétima. Isso ajudará você a ouvir aonde a harmonia está indo e permitirá que você toque mais solos melódicos ao improvisar.

Exemplo 1e – Arpejos de acordes diatônicos de sétima em C maior:

Temos tanto tríades diatônicas quanto arpejos diatônicos disponíveis ao improvisar. Isso significa que você pode tocar muito mais que um arpejo de G7 sobre um acorde G. Na verdade, é uma escolha muito comum tocar um arpejo Bm7b5 sobre um acorde G7 para criar um voicing de estrutura superior.

Músicos de jazz com frequência tocam um novo arpejo a partir de qualquer nota no acorde subjacente. Por exemplo, se o acorde subjacente é G7 (que contém as notas G, B, D e F) tocaremos arpejos da terça (B) quinta (D) ou mesmo da sétima (F).

Olhe para o Exemplo 1c novamente. Encontre o acorde G7. Olhe para os arpejos que são formados nas notas do arpejo de G7:

- Bm7b5

- Dm7

- FMaj7

Isso mostra que podemos tocar um arpejo de Bm7b5 na terça (B), um Dm7 na quinta (D) e um FMaj7 no b7 (F).

Usar arpejos dos tons de acordes mais altos de G7, como a quinta e a sétima, significa que perdemos notas fundamentais como a terça e, portanto, nos distanciamos um pouco do som do acorde. Mas, ao mesmo tempo, ao usar esses arpejos adicionamos extensões mais coloridas.

A tabela abaixo mostra como essas substituições influenciam as notas da melodia.

Arpejos de estrutura superior para tocar sobre G7

	1	3	5	7	9	11	13
G7	G	B	D	F			
Bm7(b5)		B	D	F	A		
Dm7			D	F	A	C	
FMaj7				F	A	C	E

Como você pode ver, tocar um acorde m7b5 na terça de um acorde de sétima dominante faz com que evitemos tocar a tônica (G) e adiciona a riqueza da nona (A). Tocar um arpejo na terça do acorde é um dos usos mais comuns de arpejos no jazz. Parece tão bom que muitos músicos sempre o usam em vez do arpejo original.

Conforme você sobe o acorde e toca os arpejos das notas mais altas (quinta e sétima), menos notas do acorde original são incluídas, então é preciso ser um pouco mais cuidadoso.

Mais tarde, examinaremos os arpejos que podemos usar em acordes de sétima menor e maior.

Licks Diatônicos

Baseando-se nos conceitos discutidos acima, vamos tocar algumas linhas sobre a progressão II V I. Todas essas linhas são retiradas da escala de C maior, sem alterações ou notas de passagem adicionadas. Temos que trabalhar um pouco mais para ter uma sonoridade jazz sem esses recursos, mas é possível! Do início ao fim, estamos tocando notas da escala de C maior sobre todos os acordes. No entanto, devemos prestar atenção à harmonia, escolhendo notas que funcionem bem.

O Exemplo 1d usa um arpejo de Fmaj7 sobre o acorde Dm7 (uma substituição na terça do arpejo). Um arpejo de Bm7b5 é tocado sobre o acorde G7. Isso ilustra a técnica descrita acima, onde um arpejo diatônico é tocado a partir da terça do acorde subjacente. Essa técnica é empregada por muitos guitarristas modernos de jazz, tal como Jonathan Kreisberg.

Esse *lick* também ilustra um conceito comum onde uma melodia é criada com um arpejo ascendente e uma sequência de notas da escala descendente.

Exemplo 1f

No próximo exemplo, a linha melódica é construída para ligar de maneira uniforme os arpejos. O fim do primeiro arpejo circunda o começo do próximo, para criar uma transição suave.

Substituições de arpejos de Am7 e Fmaj7 (arpejos diatônicos da quinta e da terça do acorde) são tocados sobre o acorde Dm7 no estilo de Kurt Rosenwinkel.

A linha tocada sobre o G7 é uma combinação de duas frases comuns e requer uma explicação mais completa.

A primeira parte desta frase usa uma técnica conhecida como padrão de Coltrane. Coltrane dominou a abordagem do uso de agrupamentos de quatro notas para soletrar acordes, como uma maneira de navegar pelos compassos que contêm dois acordes, tocados em um ritmo rápido. Ele usou um padrão 1 2 3 5 (os graus 1, 2, 3 e 5 da escala) e variou a ordem da sequência para criar diferentes melodias. Aqui, estou tocando em sentido inverso sobre o acorde do G7: 5 (D), 3 (B), 2 (A) e 1 (G). Padrões de Coltrane são uma maneira útil de quebrar linhas baseadas em escalas e criar interesse enquanto se toca de forma diatônica.

A segunda parte da frase usa um arpejo de Dm7 e resolve na terça (E) de Cmaj7. Sobre o acorde Cmaj7, o *lick* continua com uma sequência de notas da escala Pentatônica de E Menor (isso funciona bem porque é como tocar uma substituição na terça do acorde), antes de terminar na sétima (B) de Cmaj7. Acho que a maneira mais fácil de tocar isso é com um *pull-off* e um *slide*, como ilustrado abaixo, mas experimente tocar de uma maneira que seja confortável para você.

Este exemplo pode parecer simples de ser reproduzido, mas é rico em informações harmônicas. Sugiro pegar algumas das substituições mencionadas acima e praticá-las sobre um acorde estático, para que você possa ouvir as diferentes tensões que elas criam, antes de seguir em frente.

Exemplo 1g

O Exemplo 1f usa a escala Pentatônica de D Menor no compasso um. Pode parecer uma escolha óbvia para tocar sobre Dm7, mas pode ser usado de forma muito eficaz. Imagine as notas da D Menor Pentatônica como se fossem um arpejo que soletra um acorde Dm7add11:

D	F	G	A	C
1	3	11 (ou 4)	5	7

Sobre o acorde G7, as notas vêm de um arpejo Bm7b5. Lembre-se que você nem sempre precisa tocar arpejos a partir da tônica deles – você pode alterar a sequência das notas para criar novas melodias.

A linha resolve sobre o acorde Cmaj7, usando quartas para soletrar o som de um acorde Cmaj7add13 que adiciona um sabor um pouco mais rico. (Vamos discutir harmonia quartal, ainda mais, em breve).

Exemplo 1h

O compasso um do Exemplo 1g usa um arpejo de Fmaj7 "*shell voicing*" (tríade de tônica, terça e sétima, sem o quinto grau) sobre o acorde Dm7, combinado com uma tríade de D menor.

Um *shell voicing* é um voicing de acorde que usa apenas os intervalos da tônica, terça e sétima. Músicos de jazz costumam usar apenas duas notas para definir o som de um acorde, como tônica e terça, tônica e sétima ou terça e sétima sem a tônica. Tocar linhas como essa, sem ingredientes exóticos, nos obriga a cavar mais fundo para criar uma melodia forte.

Sobre o acorde G7, uma simples sequência de notas da escala é resolvida na terça (E) de Cmaj7. É bom incluir algumas sequências de notas de escala na sua execução. Estes eram os materiais comuns do *hardbop* e *bebop* pré-Coltrane. Depois de resolver no E, há outra "pilha" de quartas e o *lick* termina na nona (D) de Cmaj7.

Exemplo 1i

Tradicionalmente, acordes são formados ao "empilhar" intervalos de terças. Por exemplo, as notas C, E, G e B formam o Cmaj7. Mas também é possível "empilhar" acordes em intervalos de quarta, por exemplo, C, F, B e E. Empilhar notas em quartas é conhecido como harmonia *quartal* e foi popularizado no jazz por Miles Davis durante seu período modal.

A harmonia quartal tem uma qualidade indefinida e "distraída", evocativa do jazz moderno. (Para um exemplo clássico disso, ouça o pianista McCoy Tyner nas gravações de John Coltrane. As primeiras gravações de Herbie Hancock e Chick Corea também fizeram bom uso de voicings quartais).

Enquanto muitos livros poderiam ser dedicados à sua aplicação, basta dizer que é possível substituir a maioria dos acordes de jazz tradicionais por voicings quartais.

O exemplo abaixo usa voicings quartais descendentes sobre o acorde Dm7. Sobre o acorde G7, os voicings quartais são separados por um arpejo G7. Lembre-se, tudo ainda é diatônico para a escala C maior tônica.

Exemplo 1j

O Exemplo 1i usa uma tríade de D menor seguida de uma sequência de notas de escala. Um *shell voicing* Bmb5 (1 b3 b5) é tocado sobre o acorde G7. A linha continua com uma sequência de notas de escala descendente que resolve na terça de Cmaj7. A linha curta sobre o Cmaj7 é extraída de um arpejo de Em7.

Exemplo 1k

Você também pode tocar um arpejo do quinto grau de um acorde. O Exemplo 1j usa um arpejo de Am7 sobre o acorde Dm7 e combina-o com uma tríade de F maior. Inicialmente, o desenho de Am7 não contém a terça, então ainda soa como uma melodia em D menor, mas a nota F é adicionada posteriormente na linha.

A tabela abaixo é uma maneira fácil de mostrar como as notas/intervalos desses três acordes se relacionam entre si em um acorde de sétima menor. Experimente gravar-se tocando um acorde estático e depois improvisar com os três arpejos por cima.

O que esta tabela mostra é que você pode solar usando arpejos de Dm7, Fmaj7 e Am7 sobre um acorde Dm7. Os arpejos Fmaj7 e Am7 adicionam diferentes extensões às suas linhas melódicas. À medida que você se afasta do acorde original, os arpejos passam a ter menos em comum com a harmonia subjacente. O arpejo mais comum a ser usado é o da terça (Fmaj7, neste caso) que ajuda você a acessar os intervalos de 3 a 9.

Arpejos de estrutura superior para tocar sobre Dm7

	1	3	5	7	9	11
Dm7	D	F	A	C		
FMaj7		F	A	C	E	
Am7			A	C	E	G

Sobre o acorde G7 no Exemplo 1j há uma ideia de arpejo em cascata que se move através dos arpejos de Bm7b5 e G7 (tocar Bm7b5 sobre G7 é, mais uma vez, o arpejo a partir da terça). Ambos são tocados na primeira inversão, de tal forma que a tônica seja a nota mais aguda. O uso de *hammer-ons* e o layout dos arpejos faz essa linha mais fácil de tocar com uma combinação de legato e pequenos *sweeps*. Se você tocar a linha usando essas técnicas, você deve ser capaz de atingir o efeito em cascata mesmo em tempos mais rápidos.

Exemplo 1l

O Exemplo 1k começa com uma linha de intervalo "1 2 3 5" no estilo de Coltrane que deve fazer parte do seu vocabulário. Ela ilustra uma forma prática de transformar uma tríade em um padrão de quatro notas que dura meio compasso.

A linha continua com um arpejo quartal a partir de uma nota G. O arpejo quartal é uma boa forma de soletrar a sonoridade de um Dm11, já que ele contém a décima primeira (G), a sétima (C) e a terça (F).

Sobre o G7 há uma ideia que delineia a sonoridade de um G13. É construído em torno de um voicing drop 2 do desenho do acorde G13, com uma nota adicionada em cada corda – uma técnica que permite a você criar um arpejo de duas notas por corda. Eu sugiro aprender esse desenho e usá-lo como um som em si mesmo.

A linha resolve para a terça (E) de Cmaj7, e então ascende um arpejo quartal.

Exemplo 1m

O próximo exemplo usa um voicing de acorde de Dm7 e faz uso efetivo de um menor número de notas. Esse *lick* também demonstra uma regra comum na escrita de melodia em contraponto: resolver uma série de intervalos grandes e ascendentes com um movimento passo a passo na direção oposta.

Nem todas as "regras" de contraponto funcionam no jazz, mas muitas funcionam e é importante ter isso em mente se você quiser criar melodias fortes. Essa ideia aparece com frequência na performance de Charlie Parker e você pode suspeitar que ele tenha estudado esse assunto!

No Exemplo 1l, a linha sobre o G7 enfatiza, em primeiro lugar, uma nota C e, então, na batida 3, resolve isso em um B para criar um movimento claro de G7sus4 para G7. A linha continua com uma inversão de um arpejo de G7 que resolve para a terça (E) de C.

Exemplo 1n

A linha final nesse capítulo é colocada em uma posição mais alta do braço da guitarra para variar um pouco. Ela usa arpejos de tríades de F maior e A menor sobre Dm7. A tríade de F maior é tocada de forma ascendente, enquanto a tríade de A menor segue um padrão 3 1 5 3.

No começo do segundo compasso, eu uso um arpejo de Dm7 sobre o acorde G7, seguido de uma sequência de notas de escala, antes de a linha resolver na sétima (B) de Cmaj7.

A tabela abaixo mostra como esses arpejos se relacionam uns com os outros. No Exemplo 1m, eu escolhi de propósito ficar com a sonoridade G7sus4. No entanto, a linha é mais baseada em escala e a nota C resolve fortemente no B, no acorde Cmaj7.

Arpejos de estrutura superior para tocar sobre G7

	1	3	5	7	9	11
G7	G	B	D	F		
Bm7(b5)		B	D	F	A	
Dm7			D	F	A	C

Exemplo 1o

Pratique usando o Dm7 sobre o G7, ao tocar um acorde estático e sobrepor os arpejos listados na tabela acima. A única coisa a observar aqui é escolher cuidadosamente quando usar a nota C. Tocar um C sobre um acorde G7 implicará em uma sonoridade de G7sus4. Isso pode ser desejável em algumas instâncias, mas não em outras.

Tarefas do Capítulo

Escreva um conjunto de cinco ou mais *lick*, ou um solo curto, sobre a progressão II V I utilizando:

- Tríades ou arpejos conectados, como mostrado no Exemplo 1e

- Tríades diatônicas ou arpejos em sequências

- Inversões de tríades

- Usar o arpejo na terça ou na quinta do acorde

- A escala pentatônica da tônica de um acorde menor II ou VI, ou a terça do acorde I (por exemplo, E menor pentatônica sobre Cmaj7)

- Desenhos quartais, voicings de acordes com notas adicionadas ou *shell voicings*

- Padrões de Coltrane (1 2 3 5 sobre um acorde maior, 1 b3 4 5 sobre um acorde menor)

Quando você trabalhar com essas ideias, lembre-se de focar mais na melodia do que no arpejo que você está usando. Experimente com diferentes padrões, sequência e inversões e, é claro, inclua coisas que você sabe que já são parte do seu vocabulário. Todas essas ideias serão valiosas quando você as aplicar ao material no resto desse livro.

Capítulo Dois – Aproximações Cromáticas

Usar o cromatismo é uma forma maravilhosa de adicionar um sabor de jazz bebop aos seus solos. Neste capítulo, explicarei como adicionar notas de passagem cromática à escala maior e ilustrar aproximações cromáticas. Ambas as técnicas ajudarão você a dominar o som do bebop/hardbop nas suas linhas melódicas.

A melhor forma de pensar no cromatismo é uma técnica usada para destacar "notas alvo". Notas cromáticas não são notas de escala, por isso, em isolamento, elas soam fora do lugar. Se, no entanto, elas forem usadas para mirar uma nota que está na escala, elas são uma ótima forma de introduzir tensão e resolução. Isso é precisamente o motivo pelo qual elas encantam nossos ouvidos em solos: uma nota cromática é uma "surpresa" que leva a outro lugar. Nós podemos ouvir que ela precisa ser resolvida e nossos ouvidos ficam satisfeitos quando isso acontece!

Adicionando notas de passagem cromática a uma escala

Para demonstrar essa técnica, usaremos a escala de C maior mostrada no Exemplo 2a abaixo.

Exemplo 2a – Escala de C maior

Eu tenho um método para adicionar notas cromáticas que pode ser uma surpresa para você, mas soa bem e funciona. Este método foi ensinado a mim pelo pianista de jazz Barry Harris, durante uma de suas oficinas no Conservatório Real de Haia.

Notas cromáticas podem ser adicionadas entre notas de escala desta maneira:

- Se houver um tom completo entre notas de escala, reproduza um semitom entre elas. Por exemplo, adicione um G# entre as notas G e A na escala de C maior.

- Se houver um intervalo de semitom entre notas de escala, toque a nota da escala acima da nota mais alta. Por exemplo. A diferença entre E e F, na escala de C maior, é de um semitom. Então, adicione uma nota G – a nota acima de F na escala.

Isto é ilustrado abaixo no Exemplo 2b

Exemplo 2b – Dois tipos de nota de aproximação

Ou seja, podemos adicionar uma nota cromática entre todas as notas na escala de C maior. Isso significa que podemos tocar linhas de jazz com colcheias, que começam em uma nota de escala, fazendo com que todos os tons fortes de acordes caiam na batida, e as notas de passagem cromática no contratempo. Isso é útil, porque, no jazz hardbop/bebop, as notas cromáticas são geralmente colocadas nos contratempos.

Os Exemplos 2c e 2d mostram a escala de C maior com notas cromáticas inseridas. Será útil para você aprender esses padrões, mas também experimentá-los e encontrar diferentes pontos de transição e formas de adicionar as notas de passagem.

Pensamentos sobre técnica e fraseado

Eu costumo tocar esses exercícios usando uma técnica de legato com muitos *hammer-ons*, *pull-offs* e *slides*. Objetive tocar uma nota cromática e resolvê-la para a nota seguinte com um movimento de legato. Isso deve resultar em um bom fraseado, porque a nota de passagem é acentuada e a nota da escala é mais suave. Para ajudar nessa abordagem, tento manter as notas de passagem e notas de escala na mesma corda, sempre que possível.

Exemplo 2c – Escala de C maior ascendente com notas de aproximação

Exemplo 2d – Escala de C maior descendente com notas de aproximação

Aproximações cromáticas de duas notas

Uma aproximação cromática é uma frase curta que mistura notas de escala e notas de passagem cromática para enfatizar uma nota alvo. Pense no seguinte sentido: você deseja destacar uma nota em particular, mas envolvendo-a com outras notas que levem a ela. No jazz, as aproximações podem variar em duração entre duas e dez notas. Essa é uma parte fundamental do estilo de Pat Metheny, e você vai ouvi-lo encher compassos inteiros com aproximações cromáticas.

Vamos ver algumas aproximações simples de duas notas. O conceito se resume a tocar uma nota cromática abaixo e uma nota diatônica acima para cada nota de uma tríade de C maior. O Exemplo 2e mostra como isso soa para uma tríade de C maior na oitava posição.

Os dois primeiros compassos deste *lick* colocam primeiro a nota cromática, seguida pela nota diatônica e, depois, a nota da tríade. A segunda porção de dois compassos inverte essa sequência – a nota diatônica é tocada primeiro, depois a nota cromática e depois a nota da tríade. De qualquer maneira soa bem, então você pode encontrar sua preferência.

Exemplo 2e – Aproximações cromáticas em uma tríade de C maior

Agora vamos expandir essa ideia para incluir os outros dois acordes na nossa sequência II V I. O Exemplo 2f demonstra aproximações cromáticas para tríades de D menor e G maior.

Exemplo 2f – Aproximações cromáticas em tríades de D menor e G maior

Aproximações cromáticas de quatro notas

Podemos levar essa ideia um passo adiante com aproximações de quatro notas. Estas são muito comuns no jazz moderno, uma vez que fornecem uma maneira fácil de enfatizar o *groove* básico do jazz, no qual as batidas "pesadas" caem no 1 e no 3. Com mais notas para tocar, há mais permutações na sequência. O Exemplo 2g ilustra cinco abordagens muito comuns.

Exemplo 2g – Cinco exemplos de aproximações de 4 notas

Licks de exemplo usando esses conceitos

Agora, aqui estão dez linhas que usam as ideias discutidas neste capítulo. O primeiro exemplo usa o cromatismo da "nota de passagem" que Barry Harris me ensinou. O primeiro compasso contém duas notas de passagem sobre o acorde Dm7. Uma nota G é colocada entre as notas F e E; um Eb é colocado entre o E e o D. A partir daí a linha continua um arpejo de Dm7 descendente – C para A. Depois que a nota A é tocada, uma nota A# de passagem é usada para mirar no B que cai na batida 1 do segundo compasso. Sobre o acorde G7, há uma tríade de B diminuto, seguida pela mesma ideia de nota de passagem que resolve em uma nota E sobre o acorde Cmaj7.

Exemplo 2h

No próximo exemplo, um arpejo de Am7 e um padrão de Coltrane em F maior 1 2 3 5 são tocados sobre o acorde Dm7. O uso das notas E e G do arpejo de Am7 poderia ser considerado uma aproximação cromática.

Tocar o arpejo a partir do quinto grau do acorde de sétima menor cria um som agradável sobre um acorde II, mas você pode adicionar a terça do acorde Dm7, já que essa nota não está no arpejo. Adicionar a terça ajuda a definir claramente o som do acorde subjacente.

Notas de passagem cromática são colocadas em uso sobre o acorde G7. Começando com uma nota D na décima casa, as notas cromáticas miram a nota B no compasso três. A partir do B, o restante do compasso é um arpejo descendente de G7. As duas últimas notas circundam perfeitamente a terça de Cmaj7 (E). Uma permutação do padrão de Coltrane, 1 2 3 5, é tocada sobre o acorde Cmaj7.

Exemplo 2i

Tocar um arpejo a partir da terça de um acorde é um dispositivo útil para produzir linhas características do bebop. O exemplo a seguir usa um arpejo Fmaj7 no compasso um, construído a partir do terceiro grau do acorde Dm7. Uma nota de passagem no final do compasso leva ao compasso dois para mirar uma nota B, que é a terça do acorde G7. O restante do segundo compasso é um arpejo de G7 que pula para a nona do acorde (A), por meio de uma nota de passagem cromática, e é resolvido na terça de Cmaj7. A linha conclui com uma melodia diatônica curta que termina na sétima de Cmaj7 (B).

Exemplo 2j

A linha em Dm7 no próximo exemplo é uma sequência de notas de escala da quinta à sétima do acorde Dm7, com uma nota de passagem adicionada entre o F e o E. Já que não é possível adicionar uma nota cromática entre elas, adicionei uma nota G (a nota diatônica acima de F). Ouça como essa abordagem soa natural.

A transição para o G7 é feita com uma aproximação de duas notas. As notas C e A# envolvem o B que cai na batida 1 do compasso dois. A linha continua com outra aproximação que tem como alvo uma nota D – a quinta do G7. A partir do D, a linha segue um padrão 1 2 3 5; uma nota Ab de passagem leva a um G sobre o acorde Cmaj7 (a quinta de Cmaj7). A melodia curta no final usa notas de um arpejo de Em7.

Exemplo 2k

Iniciar uma sequência de notas de escala ascendente com uma aproximação de duas notas é uma ótima maneira de dividir uma frase que é essencialmente uma sequência de notas de escala. No compasso um, a melodia é uma sequência de notas de escala de D para A, mas o D é precedido por uma aproximação de E e C#.

O movimento para o G7 é concretizado com um Ab de passagem. Sobre o acorde G7, há um arpejo de G7 com uma nota E adicionada entre F e D. Antes do B grave no final do compasso, há outra aproximação de duas notas adicionando um C e um A#.

Resolvendo na quinta (G) de Cmaj7, a melodia repousa através de uma sequência de notas de escala que desce até a terça (E).

Exemplo 2l

O Exemplo 2m usa a aproximação de duas notas em vários lugares. Primeiro, ele circula a nota F sobre o Dm7 no compasso um, mais uma vez rompendo com uma sequência de notas de escala previsível. No fim do compasso, as notas C e A são usadas para circular o B sobre o acorde G7. A linha pula de B a D, então desce a escala adicionando um D# para mirar na terça (E) de Cmaj7, usando uma aproximação de F e D#.

A parte final do *lick* sobre o Cmaj7 contém outra aproximação que mira a quinta (G) com um A e um F#.

Exemplo 2m

Aproximações de quatro notas podem funcionar de duas formas. Elas podem preceder um tom de acorde para criar um som suspenso, ou podem ser usadas como uma forma de "puxar" na direção de um tom de acorde no qual você pretende resolver.

No Exemplo 2n, a linha Dm7 usa a primeira dessas abordagens. O arpejo de Fmaj7 que começa na batida 3 é suspenso pela aproximação cromática que preenche a primeira metade do compasso.

Essa linha leva ao compasso em G7 ao cercar a nota D (quinta). A primeira parte da linha no compasso dois é um fragmento de G maior pentatônica, que é seguido por outra aproximação. A segunda abordagem surge a partir do momento que a aproximação cria uma tensão que puxa na direção de uma nota de resolução sobre Cmaj7.

Exemplo 2n

A próxima linha usa um arpejo de Dm7 descendente que se move em uma aproximação cromática visando um F (sétima de G). Sobre o acorde G7, a linha continua com uma inversão do arpejo de Fmaj7. O resultado é criar um som de G7sus4. Isso é seguido por uma frase clichê em G7 com notas de passagem.

Você pode já estar familiarizado com a última linha de bebop. Analisada com o método de Barry Harris, ela é uma sequência de notas de escala que vai de G a E. Um Gb é inserido entre G e F, e um G entre F e E. Essa parte do *lick* termina em um E que resolve para o Cmaj7.

Sobre o Cmaj7, a melodia continua com um fragmento da escala de Blues em E. Nesse contexto, a nota (A#) funciona como uma nota de passagem cromática entre A e B.

Exemplo 2o

O Exemplo 2p abre com uma aproximação cromática que lembra as linhas cromáticas de Pat Metheny. Pat usou linhas cromáticas extensivamente na época de seu álbum *Question and Answer*. A partir da aproximação, a linha segue para um padrão 1 2 3 5 em D menor, neste caso reproduzido de forma descendente.

A linha tocada sobre o acorde G7 é construída ao combinar a escala Pentatônica de E Menor com uma aproximação cromática que tem como alvo uma nota D (a nona de Cmaj7). Este é outro exemplo de como uma aproximação pode criar uma tensão que puxa em direção a uma resolução sobre o acorde I. A linha termina com um arpejo de Em7 descendente sobre Cmaj7.

Exemplo 2p

O exemplo final deste capítulo ilustra o que acontece quando uma aproximação é removida das fortes batidas do compasso. No compasso um, as aproximações de duas notas circundam a tônica e a terça de Dm7. Observe como isso quebra o arpejo. O pianista americano Charlie Banacos ensinou essa abordagem, que influenciou os estilos de Mike Stern e Michael Brecker, entre outros. Esta é uma ideia interessante para explorar, mesmo que ignoremos um pouco o tom de C maior!

A linha no compasso dois começa na terça do G7 (B) e vai para a quinta (D), soletrando claramente o som do G7. A aproximação cromática nesse compasso é colocado na batida 2, de modo que será resolvida na batida 4 do compasso. Isso deixa uma nota cromática na batida 3, que é uma batida forte no jazz. O efeito é dar à linha uma qualidade não resolvida, mais uma vez reminiscente de Metheny. Usar essa ideia ao longo de um solo pode abrir as coisas, porque as linhas melódicas soarão menos conectadas aos acordes subjacentes, alcançando um som mais moderno.

Exemplo 2q

Tarefas do Capítulo

Escreva um conjunto de cinco ou mais *licks* sobre uma progressão, ou um pequeno solo, usando:

- Notas de passagem cromática. Tente aplicar isso em outras escalas, como a harmônica menor ou um som de acorde que eu não usei

- Experimente com aproximações de duas notas e faça uso do fato de que elas criam um fluxo natural de agrupamentos de três notas para romper o fluxo rítmico

- Concentre-se em usar as aproximações para suspender o som de um acorde

- Concentre-se em usar as aproximações para criar uma tensão que ajuda na transição para o próximo acorde

- Experimente combinar aproximações de duas e quatro notas para criar estruturas de som mais longas e mais "abertas", que tenham mais liberdade rítmica

Aproximações cromáticas e notas de passagem são uma grande parte do som que associamos à linguagem melódica do bebop e do hardbop. No entanto, tenha cuidado para exercitar algum controle sobre como você as usa: mantenha-se ciente de que seu objetivo principal é atingir ou gravitar em direção a tons de escala/acordes.

Capítulo Três – Menor Harmônica no V

Até agora, exploramos a escala maior inalterada e acrescentamos notas de passagem cromática para criar mais tensão e resolução. O próximo tópico a ser explorado, para elevar nossa improvisação sobre o II V I, é a escala menor harmônica, que pode ser uma rica fonte de escolhas melódicas.

Os standards de jazz que tocamos foram, na maior parte, escritos por compositores que tiveram educação clássica na tradição do período Romântico. Muitos dos dispositivos harmônicos usados são similares àqueles usados por Chopin, Schubert e Berlioz – então, ouvir música clássica em paralelo ao jazz pode nos ensinar muito sobre ambos os estilos. Historicamente, a harmonia do jazz é a combinação da Harmonia Romântica com um toque adicional: a mistura com o Blues.

Todos os exemplos abaixo estão no tom de F maior e o acorde V dominante seria normalmente um C7. No entanto, vamos pegar emprestado o acorde de sétima dominante da escala de F menor harmônica, que se estende para se tornar um C7b9b13.

Normalmente, quando tocamos sobre o acorde C7 no tom de F, a maioria dos guitarristas estaria "pensando" em C mixolídio (o quinto modo da escala maior), no entanto, como estamos pegando emprestado o acorde C7b9b13 da harmônica menor de F, nós podemos acessar alguns sons mais interessantes. Faz sentido que possamos usar o quinto modo da escala Menor Harmônica para solar sobre esse acorde. Algumas pessoas chamam essa escala de C mixolídia b9 b13, mas Frígia Dominante é um nome comum, pois tem os mesmos intervalos que o modo Frígio, mas com uma terça maior.

A tabela abaixo compara a escala mixolídia em C (F maior tocada a partir do quinto grau) à frígia dominante em C (escala de F menor harmônica tocada a partir do quinto grau).

C Mixolídio	C	D	E	F	G	A	Bb
C Mixolídio (b9, b13)	C	Db	E	F	G	Ab	Bb

O modo mixolídio "normal" de C nos dá algumas notas estendidas interessantes para improvisarmos – a nona (D), a décima primeira (F) e a décima terceira (A). Mas a escala modal produzida pela harmônica menor contém um b9 (Db) e um b13 (Ab) – notas que criam tensão e puxam com mais força para uma resolução. Isso faz com que a escala seja ideal para criar mais tensão e interesse sobre nossa progressão II V I. Isso produz uma sonoridade que as pessoas não esperam ouvir. Vamos olhar para a escala menor harmônica de F na oitava posição.

Exemplo 3a – Harmônica menor

O segundo intervalo aumentado entre as notas Db e E é um alongamento e pode tornar essa escala um pouco difícil de tocar em um padrão de três notas por corda, então, use o exemplo acima lentamente. Tente também tocar em terças para assimilar a sonoridade e aprender onde os intervalos caem.

Tome cuidado para aprender as notas que você está tocando e não apenas o padrão. Se você conhece as notas, mais tarde você achará muito mais fácil compor linhas usando a escala, e você entenderá quais notas na escala se relacionam com os acordes que você está usando para improvisar.

Quando você estiver familiarizado com o som da escala, o próximo passo é considerar as tríades que ele produz. Isso produzirá mais material para usar ao criar linhas melódicas. O Exemplo 3b demonstra as tríades diatônicas da escala de F menor harmônica, escritas como um exercício de escala. Passar por isso será de grande ajuda na criação de ideias melódicas interessantes, por isso não parece que você está simplesmente subindo e descendo escalas. Solos que contêm apenas ideias baseadas em escalas com colcheias tornam-se entediantes muito rapidamente!

Exemplo 3b - Tríades menores harmônicas

Podemos desenvolver essa ideia ainda mais ao fazer o mesmo exercício com acordes diatônicos de sétima, criando arpejos.

Exemplo 3c – Arpejos harmônicos menores diatônicos

C7   D♭maj7   Edim7   FmMaj7   Gm7(♭5)   A♭maj7(#5)

B♭m7   C7   D♭maj7   Edim7   FmMaj7   Gm7(♭5)

Tendo tocado todos os arpejos acima, você pode provavelmente ouvir os que serão mais úteis quando tocarmos sobre um acorde C7. Isso não significa que você não possa usar os outros arpejos, mas os que eu selecionei abaixo irão transmitir uma sonoridade de C7 (b9, b13). Os arpejos que eu recomendo são:

- Cmaj
- Edim
- Gdim
- Abaug
- Bbdim
- C7
- Edim
- Abmaj7#5

Exemplo 3d – Arpejos úteis para tocar sobre C7

C   Edim   Gdim   A♭aug   B♭dim   C7   Edim7   A♭maj7(#5)

Linhas de exemplo usando esses conceitos

Vamos ouvir como esses conceitos soam na prática. O Exemplo 3e usa um arpejo simples de Gm7, precedido por uma bela aproximação da tônica. Isso significa que a tônica cai na batida "2-e", o que a torna mais ritmicamente interessante. O resto da linha usa apenas notas do arpejo de Gm7 e circunda uma nota C (a terça de Fmaj7). A linha de sétima dominante é uma sequência de notas de escala baseada na harmônica menor, enfatizando o b9. Isso é seguido por um arpejo de C7. A resolução acontece na quinta de Fmaj7, usando o b9 para criar alguma tensão.

Exemplo 3e

Uma das regras do contraponto melódico, comumente usada no bebop, é que um intervalo grande em uma direção é melhor resolvido com um movimento passo a passo na direção oposta. Isso é ilustrado no Exemplo 3f. A linha abre com um salto a partir da tônica do acorde Gm7 para a quinta e então desce para uma nota A na batida três. Em seguida, você pode identificar o padrão menor familiar de Coltrane 1 3 4 5 do A para o D.

A linha de sétima dominante neste exemplo usa um truque comum – a adição do #9 assim como do b9. Nesse caso, o #9 é um Eb, que soa muito bem sobre o acorde C7. Funciona um pouco como uma nota de passagem cromática, já que ela conduz bem ao E – a terça de C7. A linha é resolvida por uma sequência de notas de escala descendente para a terça de Fmaj7 (A).

Exemplo 3f

No próximo exemplo, o *lick* tocado sobre o Gm7 aproxima o tom de acorde com uma nota diatônica acima e uma nota cromática abaixo. A mesma ideia é aplicada primeiro para a tônica e então para a terça.

A linha sobre o acorde C7 descende em terças diatônicas a partir do E e então ascende uma tríade aumentada de Ab que resolve bem em uma nota G, sugerindo um acorde Fmaj9.

Exemplo 3g

O Exemplo 3h começa com dois arpejos: uma sequência de quartas começando na nota C, seguidas por um arpejo de Bbmaj7. Sobre o acorde C7 há um arpejo de E diminuto – o arpejo principal associado com esse tipo de jazz – tocado como uma inversão começando no G.

Note que a transição do Gm7 para o C7 é realizada com um motivo. O motivo do arpejo de Bbmaj7 descendente é repetido usando o arpejo descendente de E diminuto. Esta é uma abordagem diferente do que se mover de um acorde para o próximo ao mirar em tons de acorde. É bom ter ambas as ideias – baseadas em motivos e mirando em notas – no seu arsenal de linhas.

A resolução do C7 ao Fmaj7 vem através de uma aproximação cromática de uma nota A – a terça de Fmaj7.

Exemplo 3h

No próximo exemplo, a primeira nota é uma nota de passagem que leva à terça de Gm7. De lá, segue um arpejo de Gm7 descendente. A linha aplica a regra de que um grande salto de intervalo deve ser equilibrado com um movimento gradual na direção oposta – mas dessa vez é um arpejo descendente, em vez de um movimento de escala.

A linha tocada sobre C7 faz uso da tríade aumentada de Ab (da lista anterior de recomendações) e a combina com um arpejo de E diminuto. As notas do topo das duas formas se movem em uma direção gradual e conectam a melodia ao acorde C7. O Db grave no arpejo diminuto resolve naturalmente no seu vizinho C – a quinta de Fmaj7.

Exemplo 3i

Tocar um arpejo a partir da quinta do acorde II é uma maneira fantástica de mirar na terça acorde V que o segue. Para os ouvidos, soa como um acorde suspenso, mas sem se afastar muito do tom. A linha acima do Gm7 desce gradativamente até a terça de C7.

A linha sobre o acorde de C7 começa com um arpejo de E diminuto e continua com um arpejo de C7. A linha resolve na nota Ab, subindo um semitom para A – a terça de Fmaj7.

Exemplo 3j

Um conceito útil para dar mais variação às suas linhas melódicas é usar tríades arranjadas em padrões diferentes. O Exemplo 3k começa com uma tríade de G menor tocada em uma sequência 3 1 3 5. Ela continua em um arpejo quartal partindo de uma nota G, usando o mesmo padrão. O efeito é criar um motivo que se repete.

Desta vez, sobre o acorde C7, temos um arpejo Bbm7b5. Estritamente falando, Bbm7b5 não é um acorde diatônico da harmônica menor em F, mas é possível construir esse arpejo com notas da escala. Isso é ilustrado abaixo, mostrando a escala harmônica menor em F tocada do Bb.

F Menor Harmônica (a partir do Bb)	Bb	C	Db	E	F	G	Ab
Bbm7	Bb		Db		F		Ab
Bbm7b5	Bb		Db	E			Ab

Usar Bbm7b5 sobre o acorde C7 impõe os intervalos de b7, b9, 3 e #5. Eles soam ótimos!

Algumas ótimas linhas podem ser criadas observando as notas em uma escala e vendo quais outros arpejos podem ser construídos "empilhando" as terças (um tópico para o qual voltarei nos capítulos de Escala Alterada e Diminuta, posteriormente no livro).

Aqui, o arpejo de Bbm7b5 continua em uma tríade aumentada de Ab, que resolve na terça (A) de Fmaj7.

Exemplo 3k

Em um acorde II, um dispositivo comum do bebop é aproximar-se da terça cromaticamente a partir de um tom acima. No exemplo abaixo, isso é a descida cromática de C para Bb.

A linha tocada sobre o acorde C7 é construída com tríades de G diminuto e Ab aumentado. Colocar as tríades em par dessa forma cria uma estrutura melódica muito forte e é um som familiar para nossos ouvidos. Saxofonistas modernos de jazz, como George Garzone e Michael Brecker, frequentemente solam usando pares de tríades que não têm notas em comum, o que cria um som angular e não resolvido. Aqui estou usando a tríade de G diminuto natural e um Ab aumentado na primeira inversão. A linha resolve na nona (G) de Fmaj7.

Exemplo 3l

A próxima linha usa um arpejo de Dm7 sobre o acorde II, que mira na terça de Gm7 (Bb). Em seguida há um salto para uma nota D para descender a escala. Esse movimento permite que a linha termine bem na b13 (Ab) do C7. A b13 realmente enfatiza a sonoridade dominante emprestada da escala de F menor harmônica.

A linha sobre o acorde C7 usa o arpejo exótico Abmaj7#5(9), que continua até a décima primeira (Db). A partir daí, uma aproximação cromática ascendente é utilizada para resolver na quinta (C) de Fmaj7.

Exemplo 3m

No último exemplo deste capítulo, demonstrarei outra maneira de usar um arpejo de Dm7 no acorde de Gm7. Dessa vez, omiti a terça (Bb) de Gm7 que imediatamente torna a linha mais aberta. Isoladamente pode soar como um acorde G7sus4, mas é bom quando o ouvimos no contexto do nosso tom de F maior. Podemos tocar linhas desafiadoras assim, desde que tenhamos consciência de seu efeito geral na música.

No acorde C7, a linha é feita de um par de terças diatônicas e, em seguida, por um arpejo de C7#5. Este último é outro arpejo útil que não é diatônico para a harmônica menor de F, mas pode ser construído a partir de uma tríade de C7 com uma quinta aumentada adicionada.

Exemplo 3n

Tarefas do Capítulo

Escreva um conjunto de cinco ou mais *licks* sobre uma progressão, ou um pequeno solo, usando:

- O arpejo diminuto construído na terça do acorde V (E diminuto sobre C7 nos exemplos)

- Experimente alguns dos pares de tríades que transmitem claramente o som harmônico menor. Por exemplo: Gdim, Abaug, C e Db

- Escreva algumas linhas usando o arpejo C7#5

- Sobre o acorde II, toque a escala pentatônica a partir da tônica do acorde II ou VI

- Crie alguns lic*ks* usando o arpejo de Bbm7b5 sobre o C7

Como sempre, concentre-se mais na melodia do que no tipo de arpejo que você está usando.

Capítulo Quatro – Escala Alterada

A escala alterada é o sétimo modo da escala melódica menor e um dos mais comumente usados quando solamos sobre acordes dominantes. Tipicamente usado sobre um acorde dominante alterado, ele cria um som "estranho" que é então resolvido quando a progressão se move para o acorde I.

Se você é novo em improvisar com a escala alterada, inicialmente pode ser difícil ver sentido melódico. Não tendemos a pensar em termos de extensões alteradas e, muitas vezes, não temos uma ideia real de como elas soam! Neste capítulo, veremos alguns arpejos extraídos da escala alterada que funcionam bem sobre acordes dominantes alterados. Os exemplos não só ajudarão você a se acostumar com o som, mas fornecerão exemplos claros de como compor linhas melódicas fortes.

Vamos trabalhar no tom de Eb maior, então todos os exemplos serão tocados sobre Bb7alt (o acorde dominante de Eb) usando a escala alterada de Bb.

Exemplo 4a – Escala alterada de Bb

A escala alterada de Bb é o sétimo modo da melódica menor em B, então vamos examinar as tríades e arpejos que podemos usar em termos de B menor por simplicidade.

Primeiramente, aqui estão as tríades diatônicas:

Exemplo 4b – Tríades diatônicas

Assim como nos capítulos anteriores, podemos estendê-las para formar arpejos diatônicos de sétima.

Exemplo 4c – Arpejos diatônicos de sétima

A caça por um bom arpejo diatônico!

Mesmo que desejemos tocar essa escala sobre um acorde de Bb dominante, observe que não há arpejo diatônico de Bb7 na escala. Na verdade, o acorde tônico é um Bbm7b5, então não há um arpejo óbvio que delineie um som dominante. Mas podemos consertar isso.

Os tons que definem um acorde de Bb7alt são a terça e a sétima (F e Ab), então se usarmos arpejos da escala alterada de Bb, que contêm esses intervalos, podemos ficar perto do som dominante e introduzir algumas extensões alteradas. Apenas dois acordes contêm as duas notas: E7 e G#m7b5. (G# = Ab)

E7 é o trítono substituto de Bb7.

O G#m7b5 está relacionado ao E7, pois ele pode ser visto como um arpejo construído na terça do E7. Das duas opções, o arpejo G#m7b5 é provavelmente o melhor candidato para soletrar o som de Bb7alt.

A tabela abaixo mostra quais intervalos de Bb7alt são destacados quando você toca um arpejo de G#m7b5:

Nota do arpejo	G#	B	D	F#
Relativa a Bb	b7	b9	3	b13

Se você já conhece alguns voicings diferentes do acorde Bb7alt, é bastante provável que um deles seja simplesmente G#m7b5 com um Bb no baixo.

Arpejos quartais e *shell voicings* podem fornecer escolhas melódicas adicionais. Eles estão escritos abaixo nas cordas do meio (cordas D, G e B), e mostro-os como acordes em vez de arpejos, por isso fica claro como eles são agrupados.

Exemplo 4d – Arpejos quartais diatônicos nas cordas do meio

O mesmo se aplica a *shell voicings*. Um *shell voicing* consiste na tônica e na definição de intervalos de terça e sétima de um acorde. Um *shell voicing* de E7 seria, portanto, E, G# e D. Também escrevi esses acordes usando as cordas do meio da guitarra, mas você deve tocá-los tanto como acordes quanto como arpejos.

Exemplo 4e – *Shell voicings* diatônicos nas cordas do meio

Exemplos de linhas dominantes alteradas

Agora que exploramos alguns conceitos para improvisar sobre o acorde dominante alterado, podemos traduzi-los em exemplos melódicos ao longo de uma progressão II V7alt I. Estamos trabalhando no tom de Eb maior, então nossa progressão de acordes é Fm7, Bb7alt, Ebmaj7.

O primeiro exemplo abaixo destaca o som dos acordes usando dispositivos bastante simples. O acorde Fm7 é soletrado com um arpejo de Fm7 descendente. Uma sequência de notas de escala faz a transição da melodia para a seção Bb7alt. Sobre o acorde Bb7alt há um arpejo de Abm7b5, seguido por um pequeno fragmento que enfatiza o b9 e o #9 antes de resolver para a quinta (Bb) de Ebmaj7.

Sobre o acorde de Ebmaj7, as notas finais vêm de uma tríade de G menor. (Note que estou me referindo ao acorde G#m7b5 como Abm7b5. É exatamente o mesmo acorde, mas faz mais sentido em uma perspectiva enarmônica, quando relacionado a um acorde dominante de Bb).

Exemplo 4f

Usar tercinas para tocar os arpejos de sétima é um grande truque do bebop que também funciona bem em um contexto de jazz mais moderno. O Exemplo 4g começa com um arpejo de Abmaj7 sobre o Fm7, precedido por uma nota inicial inserida antes da tônica. A melodia enfatiza a nota de topo do arpejo (G), que é a nona do acorde Fm7, e depois desce um arpejo de C menor, usando o padrão de Coltrane.

A linha tocada sobre o Bb7alt é construída a partir de um arpejo Dmaj7#5, seguido por uma sequência de notas de escala que resolve na terça (G) de Ebmaj7. Sobre o acorde de Ebmaj7, a melodia é um fragmento de uma escala pentatônica de G menor. Tocar a escala pentatônica menor a partir da terça é um ótimo dispositivo para usar sobre acordes maiores tônicos.

Exemplo 4g

O Exemplo 4h usa um *shell voicing* como um arpejo. A linha começa na quinta de Fm7 e vem de uma tríade descendente de F menor. A quinta é seguida pela terça de Fm7, depois vem uma aproximação de duas notas da tônica.

A partir da tônica, eu soletro o *shell voicing* de F menor que leva ao acorde Bb7alt. Sobre o Bb7alt a linha é baseada em uma tríade de Abdim, começando em um D e pulando para Bb. Há o retorno para o D e depois descemos a escala para resolver na terça (G) de Ebmaj7. Sobre o Ebmaj7 a linha pula de G para D e termina na sexta (C) de Ebmaj7.

Exemplo 4h

O próximo exemplo leva um arpejo de Fm7 tocado a partir da terça do acorde. A linha começa com uma sequência de notas de escala que vai do Eb até o G e, de lá, desce pelo arpejo de Abmaj7. A linha então faz a transição para uma nota Bb para o Bb7alt. O Bb é usado como uma nota principal para uma tríade de E maior (segunda inversão). A linha continua em uma melodia construída a partir de uma tríade de F#sus4 e usa um Ab para resolver em Bb sobre o Ebmaj7. A melodia sobre o acorde Ebmaj7 é uma tríade de G menor seguida por um F – a nona de Ebmaj7.

Exemplo 4i

Sugerir acordes de passagem que não estão escritos é uma ótima forma de criar movimento na direção de uma mudança de acorde. No Exemplo 4j, a linha no compasso um começa com uma linha de arpejo de Fm7. No compasso dois, há um arpejo de Abm7b5 tocado sobre o acorde Bb7alt. Para conectar essas duas ideias, na segunda metade do compasso um, temos um arpejo de Gm7. O efeito é um forte movimento dos acordes Fm7 a Bb7alt.

A linha Bb7alt continua usando um motivo de terças diatônicas para resolver no G sobre o Ebmaj7. A linha termina em uma nota F, a nona de Ebmaj7.

Exemplo 4j

O começo deste próximo exemplo é uma bela maneira de adicionar notas cromáticas que conectam notas de arpejo. No compasso um, a adição de notas de passagem cromática serve para embelezar este arpejo de Fm9. O uso de semicolcheias torna o ritmo mais interessante.

A partir da última nota F do compasso um, a linha sobe um semitom para Gb e, em seguida, pula para D e faz uma pequena sequência de notas de escala para mirar em um B na batida três. A segunda metade do compasso dois é uma simples tríade de B menor, mas tocada sobre um acorde Bb7alt cria intervalos de b9 (B), terça (D) e b13 (Gb). O B agudo resolve em um Bb sobre o Ebmaj7 e a linha termina em um D através de uma nota de passagem Eb.

Exemplo 4k

As linhas podem ficar mais interessantes ao introduzir variação rítmica. No próximo exemplo, uma tercina de colcheias é usada para as notas de passagem cromática que introduzem a melodia. Uma aproximação de duas notas vem em seguida, mirando uma nota Ab na batida três e, depois, a linha desce uma tríade em C menor.

A linha sobre o acorde Bb7alt usa dois arpejos para ascender – Bm(maj7) e Abm7b5 – e termina com uma nota F sobre o Ebmaj7. Isto é seguido por um fragmento de escala que retorna ao F.

Exemplo 4l

A linha no compasso um do Exemplo 4m é uma sequência de notas de escala que aproxima a nota de destino Ab e depois desce para C. Sobre o acorde Bb7alt, um trilo de semicolcheias é tocado mirando na nota D. A partir do D, a linha desce a escala para B. As últimas três notas soletram uma tríade aumentada de D que se resolve perfeitamente para a nona (F) de Ebmaj7. A resolução de tríades aumentadas é um traço comum do *bop* que foi passado para estilos mais modernos. Neste caso, alcançamos isso resolvendo o b13 (Gb) para F.

Exemplo 4m

O exemplo 4n abre com uma tríade de F menor simples, rearranjada em um padrão 5 1 3 5, seguida de uma sequência de nota de escala descendente. Um arpejo de E7, da tônica até a terça, é tocado sobre o acorde Bb7alt para criar uma sonoridade b5. A linha muda para uma tríade de E antes de resolver para a terça (G) de Eb.

Exemplo 4n

O último exemplo deste capítulo começa com uma aproximação cromática de quatro notas (vista no Capítulo Dois). No Exemplo 4o, o propósito da aproximação é suspender a terça do acorde Fm7 até a batida 3, antes que a linha continue com um arpejo de Abmaj7. A linha tocada sobre o acorde Bb7alt é construída pela fusão dos arpejos Dmaj7#5 e Bm(maj7). A linha é resolvida de B para Bb na primeira batida do compasso três. As duas últimas notas (G e F) transmitem o som de um acorde de Ebmaj7(9).

Exemplo 4o

Tarefas do Capítulo

Escreva um conjunto de cinco ou mais *licks* sobre uma progressão ou crie um pequeno solo usando:

- Um arpejo de Abm7b5 sobre o acorde Bb7alt

- Componha algumas linhas usando variações de arpejo baseadas em E7 – o trítono de Bb7 – e ouça como elas funcionam como linhas alteradas de Bb7. Preste atenção especial em como a nota E funciona neste contexto

- Experimente *shell voicings* de Dmaj7 tocados sobre o acorde Bb7alt

- Tente fundir arpejos diferentes sobre o Bb7alt para criar novas linhas

- Pegue a ideia cromática do Exemplo 4k e aplique-a nas linhas Bb7alt e Ebmaj7, conectando os tons de acordes

Capítulo Cinco – Escala Diminuta no Acorde de Sétima Dominante

A escala meio diminuta é uma adição bastante recente à música ocidental. Embora tenha aparecido em trabalhos anteriores, não se tornou um dispositivo comum até o final do século XVIII. É uma escala de oito notas com uma construção simétrica, quase "matemática" que, de várias maneiras, a diferencia da música tonal e da harmonia funcional. Felizmente, não nos importamos muito com isso no jazz – estamos apenas preocupados se isso soa bem ou não! Em muitos contextos musicais diferentes, a escala diminuta é um meio eficaz de adicionar cor e tensão.

A escala diminuta pode ser vista como dois acordes de sétima diminuta "engatados" que se repetem simetricamente em intervalos de terça menor. Uma das melhores maneiras de usar uma escala "sintética" como essa é escolher e isolar as tríades que ela contém. Neste capítulo, usaremos tríades da escala diminuta para criar linhas sobre o acorde de sétima dominante em nossa progressão II V I. Todos os exemplos musicais estão no tom de Bb maior, então nossa progressão II V I é Cm7 (II), F7 (V), Bbmaj7 (I).

Primeiro, vamos analisar mais detalhadamente como extrair alguns arpejos diminutos úteis.

Construindo a Escala Diminuta

A escala meio diminuta pode ser construída a partir de dois arpejos diminutos a um semitom de distância. Para construir uma escala meio diminuta em F, você deve combinar arpejos de F diminuto e Gb diminuto.

F diminuto: F Ab B D.

Gb diminuto: Gb A C Eb.

Arranjados em ordem de tom a partir do F, isso nos dá oito notas da escala meio diminuta em F: F Gb Ab A B C D Eb F.

Como uma fórmula, a escala diminuta é 1 b9 #9 3 b5 5 6 b7.

Uma forma de tocar essa escala é mostrada no Exemplo 5a.

Exemplo 5a – Escala Diminuta:

Para descobrir quais outros arpejos estão ocultos na escala e disponíveis para usarmos como ideias de solo, podemos usar o aspecto simétrico da escala. Devido à natureza de sua construção usando arpejos diminutos, tudo o que existe dentro da escala meio diminuta pode ser movido em terças menores, então precisamos apenas observar os acordes que podemos construir nas duas primeiras notas (neste caso, F e Gb) e podemos encontrar o resto transpondo-os em pequenos intervalos de terça.

Construir acordes a partir do F resulta em:

F	F	A	C	
Fm	F	Ab	C	
F(b5)	F	A	B	
Fdim	F	Ab	B	
F7	F	A	C	Eb
Fm7	F	Ab	C	Eb
F7(b5)	F	A	B	Eb
Fdim7	F	Ab	B	Eb

Esses acordes também são mostrados no Exemplo 5b.

Exemplo 5b – Tríades e acordes de sétima construídos a partir do F na escala diminuta:

Construir acordes a partir da próxima nota, Gb, é um pouco mais simples:

Gbdim	Gb	A	C	
Gbdim7	Gb	A	C	Eb
Gbdim(Maj7)	Gb	A	C	F

Esses acordes são mostrados no Exemplo 5c.

Exemplo 5c – Tríades e acordes de sétima construídos a partir de Gb na escala diminuta:

Agora temos um panorama dos diferentes arpejos ou acordes que estão contidos na escala. Não esqueça que eles também são encontrados nos outros graus da escala – os arpejos para F também são encontrados em Ab, B e D. Os acordes Gb também são encontrados em A, C e Eb.

Já que a escala está sendo usada sobre um acorde F7, ajuda saber como as diferentes notas se relacionam a uma tônica F, mostrada na tabela abaixo:

F	Gb	Ab	A	B	C	D	Eb
1	b9	#9	3	#11	5	13	b7

Essa escala contém extensões ricas, como a b9, #9 e décima terceira. Um acorde dominante construído com cada extensão seria um F13b9#11, embora este seria um F7b5 se o C (quinta) for omitido.

O som mais comum associado a esta escala é provavelmente o 13b9. Os guitarristas geralmente pensam nisso como uma tríade de estrutura superior colocada acima de um acorde de sétima dominante. Por exemplo, F713b9 é uma tríade de D maior sobre um acorde F7, soletrando F A C Eb D Gb A.

Alguns voicings sem tônica de F13b9 são mostradas no Exemplo 5d.

Exemplo 5d – Voicings diminutos

Tríades

Este capítulo se concentrará no uso de tríades maiores para criar o som diminuto. As quatro tríades maiores são F, Ab, B e D. Abaixo estão alguns exercícios para ajudá-lo a trabalhar nessas tríades e suas inversões, ajudando-o a conectá-las para criar suas próprias linhas.

No Exercício 5e, escrevi as tríades através de conjuntos de cordas, mas na mesma inversão.

Exemplo 5e – Tríades na segunda inversão

Exemplo 5f – Tríades naturais

Exemplo 5g – Tríades na primeira inversão

Outra maneira de praticar essas tríades é misturar e combinar as inversões, mas tocar na mesma posição. O Exemplo 5h demonstra a circulação pelas tríades em uma única posição, antes de passar para a próxima posição para percorrer tudo novamente. Todas as tríades são tocadas nas cordas D, G e B.

Exemplo 5h – Percorrendo tríades em inversões no braço

O Exemplo 5i mostra uma maneira de conectar as tríades, a fim de improvisar através do braço da guitarra. Exercícios como esse são uma ótima maneira de testar sua capacidade de localizar a próxima tríade na sequência e criar uma melodia que faça sentido.

Exemplo 5i - Conexão improvisada de inversões de tríade

Exemplos de linhas de escala diminuta

Agora que temos algumas ideias de arpejo e tríades para trabalhar, podemos usá-las para criar linhas melódicas II V I.

O Exemplo 5j começa com uma linha que combina um arpejo de Cm7 com um arpejo quartal construído a partir da quinta (G) do acorde Cm7.

Para o acorde F7, a linha diminuta é tocada usando uma segunda inversão da tríade de Ab maior e uma tríade de D maior natural. A linha resolve para a terça (D) de Bbmaj7 com uma pequena sequência de notas de escala.

A combinação das tríades maiores Ab e D transmite o som de um F7 com #9 (Ab), b9 (Gb) e 13 (D). A melodia entre Ab e D cria uma transição de voz entre os dois, à medida que o Ab se move para A e o Eb se move para D.

Exemplo 5j

O segundo exemplo demonstra como as tríades "empilhadas" podem produzir algumas melodias coloridas, porém lógicas, com um alcance bastante grande.

Sobre o acorde Cm7, a linha é construída conectando os arpejos de Gm7 e Ebmaj7. A quinta e a sétima de Gm7 são usadas para cercar o Eb.

A linha F7 é construída a partir das tríades de Ab maior e D maior. A tríade de Ab maior é natural, e a tríade de D maior se encontra na primeira inversão. Isso cria a impressão de um arpejo Ab7b9#11. Ambas as tríades têm uma nota repetida adicionada para preencher o compasso. A linha é resolvida na nona (C) de Bbmaj7.

Exemplo 5k

A escala diminuta começou a aparecer no jazz na era do bebop, mas não se tornou comum até a fase do hardbop. A harmonia quartal também se tornou popular nessa época – com base em quartas "empilhadas", e não nas terças "empilhadas" que formam a base da harmonia ocidental. No jazz, a harmonia quartal é usada para trazer uma cor diferente aos acordes, em vez de criar uma nova maneira de ver a harmonia.

O Exemplo 5l começa com um arpejo quartal construído a partir da quinta (G) do acorde Cm7. A partir disso, a linha continua com uma melodia da escala C menor pentatônica. Desta vez, a linha tocada no acorde F7 combina tríades de B maior e D maior. A tríade de B maior não é exclusiva do som diminuto, pois também é diatônica para F# Menor Melódica (também conhecida como a escala F alterada). A tríade de B maior nos dá os intervalos #11 (B), b7 (D#) e b9 (F#) contra uma tônica F. Combinado com a tríade de D maior, também temos uma décima terceira e uma terça.

A construção da melodia é semelhante ao Exemplo 5j, em que a tríade de B maior (na primeira inversão) se conecta à tríade de D maior de uma maneira a distribuir as vozes. A linha resolve passo a passo até a quinta (F) de Bbmaj7.

Exemplo 5l

No Exemplo 5m, a linha começa com uma tríade de Eb maior (construída a partir da terça de Cm7), seguida por um fragmento de G menor pentatônica. Sobre o acorde F7 há uma tríade de D maior na primeira inversão e uma tríade de Ab maior natural. Você deve ter notado que, muitas vezes, não uso a tríade de F maior, porque ela não adiciona nenhuma cor e apenas certo número de colcheias estão disponíveis em um compasso 4/4!

Neste exemplo, a melodia baseia-se na conexão das tríades de D e Ab maior, vinculando as duas notas superiores da tríade de D às duas notas mais graves da tríade de Ab. (As duas últimas notas do compasso também podem ser consideradas as notas de topo de uma tríade de D maior).

Exemplo 5m

O Exemplo 5n usa um dispositivo semelhante – encadeando tríades ao usar as duas últimas notas de uma tríade para envolver a primeira nota da próxima.

A linha Cm7 é um arpejo básico de Ebmaj7, construído a partir da terça de Cm7. A linha é executada com a técnica de legato para tornar mais fácil para a mão direita tocar as várias mudanças de corda.

Para o acorde F7, a linha combina D, Ab e duas notas de uma tríade de B maior. As tríades de D e Ab são naturais e a quinta do D maior é usada para guiar a tônica da tríade de Ab maior. A última nota da tríade de Ab maior pode ser vista como sua quinta, mas também é a terça de B maior. A linha termina com uma tríade de B maior (na segunda inversão) que resolve na quinta (F) de Bbmaj7.

Exemplo 5n

O problema de usar o arpejo construído a partir da quinta de um acorde menor é que ele não contém a terça, que é um intervalo importante para comunicar o som do acorde. Uma maneira padrão de lidar com isso é usar o arpejo para envolver a terça, demonstrado no Exemplo 5o. A partir da terça, a linha continua com uma escala descendente até a terça (A) de F7.

A linha em F7 usa as tríades de F maior e B maior na primeira inversão. Esta combinação destaca as extensões #11 e b9. A linha usa o #9 e o b9 para resolver na sétima (A) do Bbmaj7.

Exemplo 5o

Um salto de intervalo de uma sexta é uma maneira bonita de adicionar variação a uma sequência de notas de escala. A linha tocada sobre o Cm7 neste exemplo abre com um intervalo de sexta ascendente de G a Eb. A regra tradicional de contraponto para uma melodia como essa exige que a tensão do intervalo ascendente grande seja resolvida com um movimento gradual em uma direção descendente. Essa "regra" musical nem sempre se aplica às melodias de jazz, mas o exemplo abaixo demonstra como isso pode funcionar.

A linha tocada sobre o F7 faz uso de F maior natural e da primeira inversão da tríade de D maior para soletrar o som de F713b9. A linha é resolvida através de um Eb até a terça (D) do Bbmaj7.

Exemplo 5p

Embelezar um arpejo adicionando notas de escala pode ser uma boa maneira de criar uma melodia que ainda tenha os tons de acordes na batida, mas não pareça muito previsível. A linha no acorde Cm7 neste exemplo é construída dessa maneira usando um arpejo de Cm9. Uma nota D é adicionada na oitava inferior entre o C e o Eb.

No acorde F7, a linha combina as tríades de B e Ab maior. Ambas estão na primeira inversão e juntas elas adicionam muita cor com o b9, #9 e #11. A melodia resolve na terça (D) de Bbmaj7 via F e Eb.

Exemplo 5q

Inversões de arpejos oferecem bastante variação em termos de adicionar saltos de intervalo. No Exemplo 5r, a linha sobre Cm7 tem um arpejo de Ebmaj7 que começa na tônica, mas salta para o G abaixo, e então ascende o arpejo. O restante do compasso é um arpejo de Cm7 comum. Esse tipo de frase é muito comum com George Benson e Grant Green. Na realidade, o solo de Grant Green em *I'll Remember April* é quase inteiramente construído nessa frase desde o início.

No compasso dois, tríades de B maior e A maior são usadas sobre o acorde de F7. A tríade de B maior é natural, e a tríade de Ab maior está na segunda inversão. A conexão entre as duas é a nota Eb, que é a terça de B e a quinta de Ab. A linha resolve via um B e Ab que funcionam como uma aproximação cromática da sétima (A) de Bbmaj7.

Exemplo 5r

O *quintal arpeggio* (arpejo em quintas) também é uma ótima estrutura de som aberto para aplicar a um acorde de Cm7. Aqui está ele, utilizado a partir do Eb e soletrando um som de Cm11. O *quintal arpeggio* é precedido por uma aproximação diatônica do Eb.

Quintal arpeggios estão se tornando ideias melódicas bastante comuns no jazz. Você ouvirá Jonathan Kreisberg e Kurt Rosenwinkel usando-os com frequência nos seus solos e eu voltarei a esse tópico mais tarde nessa série.

A linha em F7 usa tríades de D e B maior para criar uma linha que se move rapidamente, do Gb grave ao A, posicionada uma décima acima. A tríade de D maior está na primeira inversão, e a tríade de B maior é natural. A linha conclui com um Ab que vai à sétima (A) de Bbmaj7.

Exemplo 5s

Tarefas do Capítulo

Escreva um conjunto de cinco ou mais *licks* sobre uma progressão, ou um pequeno solo, usando:

- Pares de tríades de Ab e D maior.

- Pares de tríades de Ab e B maior.

- Experimente usando tríades mais abertas e "espalhadas".

- "Empilhe" tríades para criar uma estrutura maior, sobrepondo-as.

- Invista tempo praticando improvisação livre com tríades para entendê-las melhor e para ajudar a conectá-las ao braço da guitarra. Esse exercício se mostrará útil também para outros sons de escala.

Capítulo Seis – Colocando em um Blues

Este livro cobriu um grande conjunto de ideias que você pode usar para improvisar sobre a progressão II V I. Para ilustrar como juntar tudo isso em uma música, eu compus um solo de blues em Bb. O objetivo dessa peça é mostrar como conceitos de escala e arpejos podem ser aplicados em um contexto musical realista.

É importante que você aprenda o solo completo, mas um ótimo exercício é segmentá-lo e escolher as frases que mais lhe atraem. Depois da transcrição do solo, eu incluí uma análise de compasso em compasso sobre como cada linha é construída, mas veja se você consegue descobrir por si próprio o que está acontecendo antes de recorrer às respostas. O solo é tocado como um solo (ou seja, não é apenas um conjunto de exercícios combinados), então na minha explicação das linhas eu foco em apontar os conceitos abordados neste livro. Há, geralmente, mais de uma forma de pensar em uma frase tocada sobe um acorde, então veja se você chega a uma interpretação diferente da minha.

Eb7
Edim
Bb7
G7
Cm7
F7
Bb7
F7
Bb7
Eb7
Bb7
Eb7
Edim
Bb7
G7
Cm7
F7
Bb7
F7
Bb7

Análise do Solo

Refrão Um

Compasso 1 – A linha em Bb7 é baseada no arpejo a partir da terça = Dm7b5.

Compasso 2 – A linha em Eb7 consiste, primeiramente, em uma tríade de Eb maior e, então, em um arpejo descendente de Gm7b5 (construído a partir da terça do acorde).

Compasso 4 – Usa a harmônica menor no Bb7 para puxar na direção do Eb7 (nesse caso tocando o padrão de um arpejo de Ddim).

Compasso 5-6 – Esse é um truque melódico bastante comum que faz uma afirmação sobre o acorde Eb7, repetindo sobre o acorde Edim, alterando-o levemente para haver um encaixe. A nota F no compasso 5 é modificada para um E no compasso 6.

Compasso 8 – A linha em G7 é uma rápida II V menor usando primeiro um arpejo de Dm7b5 e, então, um arpejo de Bdim.

Compasso 9 – A linha em Cm7 é construída ao ligar arpejos a partir de seus intervalos de quinta e terça (Gm7 e Ebmaj7).

Compasso 10 – A linha alterada em F7 pode ser analisada de duas formas: um arpejo em Ebm7b5 sobre todo o compasso, ou uma tríade em Gbm para a primeira metade do compasso e uma inversão do arpejo de Ebm7b5 para a segunda metade.

Compasso 12 – A linha sobre F7 usa a escala alterada com dois trilos e uma sequência de notas de escala com uma nota de passagem cromática.

Refrão Dois

Compasso 13 – Usa um arpejo diatônico em Abmaj7 construído a partir da sétima de Bb7.

Compasso 14 – A melodia consiste em notas do arpejo de Eb7.

Compasso 15 – Uma aproximação cromática mira na nota F, no compasso três, e adiciona um Bb de passagem entre G e Ab na segunda metade do compasso.

Compasso 16 – Sugere Bb7alt com Dmaj7#5 e a primeira inversão de Abm7b5, com arpejos em cascata.

Compassos 17-18 – A melodia de um intervalo de terça menor se move através da escala e repete no acorde Edim.

Compasso 19 – Essa linha é um arpejo a partir da terça de Bb7 com uma nota de passagem cromática adicionada à sequência de notas de escala descendente na segunda metade do compasso.

Compasso 20 – Há uma linha em G7alt construída em torno de um arpejo de Fm7b5 na segunda metade do compasso.

Compasso 22 – A linha em F7 usa a escala diminuta. Tríades em D maior e Ab maior criam um som de F7(13b9#9).

Compasso 24 – O som alterado em F7 vem da união das tríades de Amaj7#5 e Gbm.

Refrão Três

Compassos 25-27 – Tríades de Fm e Gdim são usadas para criar um motivo sobre os acordes de Bb7 e Eb7 respectivamente. O motivo conclui com uma simples afirmação em Bb no compasso 27 que resolve de volta para a tônica.

Compasso 28 – A linha sobre Bb7 usa tríades de E e Bb diminuto.

Compasso 30 – A linha usa uma aproximação cromática para mirar no Db no compasso três, que é a primeira nota de uma tríade de Dbdim.

Compasso 32 – A harmônica menor em C é usada para o acorde G7. A melodia usa um arpejo em Bdim.

Compasso 33 – A melodia do compasso anterior é desenvolvida e repetida sobre o Cm7 com tons de escala básicos.

Compasso 34 – Essa é uma linha em F7alt usando um arpejo de Gbm(maj7).

Compasso 35 – Esse é um blues em Bb7 construído a partir do arpejo de Bb7 com uma nota que lidera antes da terça.

Compasso 36 – Aqui está uma linha alterada em F7, usando um arpejo de Ebm7b5 na primeira inversão, que salta para cima para resolver na quinta (F) do Bb7 que termina o solo.

Conclusão

Ao longo deste livro, analisamos alguns dos elementos fundamentais da guitarra jazz contemporânea, personificada por músicos como Kurt Rosenwinkel, Jonathan Kreisberg, Gilad Hekselman, Adam Rogers e outros. Com base na herança das lendas da guitarra jazz, esses músicos modernos estão levando a linguagem da guitarra de jazz a novos lugares. Espero ter transmitido algumas ferramentas úteis e insights para ajudá-lo a criar esse som por conta própria.

Mais do que isso, espero ter inspirado o desejo de tocar mais, experimentar e fazer com que essas ideias sejam suas. Não há nenhuma regra rígida. Sinta-se à vontade para adaptar, mudar e fundir minhas ideias até que elas expressem suas preferências musicais e se tornem uma parte natural do seu vocabulário musical. Esse é o ponto em que as ideias deixam de ser meros conceitos e se tornam música de verdade!

Divirta-se e continue praticando,

Jens

Aprenda Jazz com Martin Taylor

Domine o Chord Melody na guitarra jazz com o virtuoso Martin Taylor MBE

Chord Melody em Detalhes, com Martin Taylor MBE, condensa mais de 40 anos de experiência em um belo livro sobre jazz. Aprenda com o mestre internacionalmente aclamado do *chord melody*, enquanto ele o guia pelo método de sete etapas para criar seus próprios arranjos de guitarra.

Como bônus especial, estão inclusos 2 vídeos on-line feitos com exclusividade, com Martin ilustrando as principais técnicas.

O que você aprenderá:

- 7 passos para a guitarra jazz *chord melody* para liberar sua criatividade

- Como fazer um arranjo de *chord melody* de qualquer standard de jazz

- Como tocar acordes e solos ao mesmo tempo.

- Supere os bloqueios comuns que impedem seu progresso

- Crie arranjos impressionantes de jazz *chord melody* na guitarra

- Os componentes essenciais de qualquer standard de jazz

- Afaste-se dos desenhos comuns de acordes e descubra a liberdade de tocar guitarra polifônica

Chord Melody em Detalhes ensina a fórmula secreta de Martin Taylor para criar arranjos instantâneos de guitarra de jazz e fornece as ferramentas para dominar sua guitarra e criar seus próprios arranjos impressionantes de *chord melody*.

Este livro é o antídoto para os métodos de guitarra cheios de fórmulas. Seu sistema de sete etapas ajuda você a pensar fora da caixa e é ensinado de maneira clara e concisa.

Compre agora

Outros Livros de Jazz da Fundamental Changes

Para se aprofundar no jazz e obter mais ideias sobre como aplicar esses *licks*, dê uma olhada nos seguintes livros da Fundamental Changes.

- Chord Melody em Detalhes com Martin Taylor

- Chord Tone em Solos na Guitarra Jazz

- Mudanças Fundamentais na Guitarra Jazz

- Dominando o ii V Menor na Guitarra Jazz

- Distribuição de Vozes na Guitarra Jazz

- Bebop em Jazz Blues na Guitarra

- Solos na Guitarra Jazz Blues

- 100 Licks Clássicos de Jazz Para Guitarra

www.ingramcontent.com/pod-product-compliance
Lightning Source LLC
Chambersburg PA
CBHW081439090426
42740CB00017B/3373